AF450400

# LA CITADELLE DE DOULLENS

## SOUS LA TERREUR

## RÉCIT D'UN DÉTENU

Edité par Aug. BRAQUEHAY

*avec une introduction*

par M. Henri POTEZ

DOUAI

Typographie et Lithographie

DELATTRE & GOULOIS

*38 et 40, rue du Palais, 38 et 40*

1895

# INTRODUCTION

Un jour j'étais juché sur un tabouret, dans ma chambre aux livres, laquelle a successivement appartenu à un maréchal-de-camp, chevalier de Saint Louis, à un ecclésiastique qui dirigeait une pension et à un médecin spirite. Cette librairie est peinte en jaune ; elle donne sur un jardin qui est divisé en une infinité de rotondes, massifs et plates-bandes, à la française, comme un jardin de curé. Sur la muraille, à l'extérieur, un grand vieux poirier qui date du dernier siècle tord ses branches noueuses comme un arbre d'Albert Dürer. Sur mes genoux s'étalait un in-quarto latin imprimé à Francfort en 1543. C'était une édition de Dioscoride, interprété par un médecin de Soissons et commenté par un médecin de Strasbourg. Je me divertissais aux plantes et aux bêtes gravées sur bois et naïvement enluminées, et j'admirais combien, dans l'antiquité, on travaillait déjà le pauvre corps humain avec des remèdes, drogues, poisons et électuaires. C'est miracle que notre espèce y ait survécu. Comme je faisais ces belles réflexions, mon ami Braquehay entra, et jeta les yeux sur le livre où j'étais abîmé.

En le considérant, il vit sur le couvert, qui est pitoyable et plus qu'à demi rompu, le fragment d'inscription qui suit :

*Il l'a donné à son ami Guéroult qui est botaniste à Montreuil-sur-Mer en 1804.*

Il s'écria incontinent :

— C'est assurément Guéroult de Boisrobert.

Je levai un nez interrogant.

— Mais oui, Guéroult de Boisrobert, et il est vraisemblable que ce livre lui a été donné par Dumont de Courset.

Je savais que M. Braquehay connaît d'une manière merveilleuse et surprenante tous les anciens hommes qui ont vécu à Montreuil depuis le temps de Saint Saulve. Je ne fus pas fort étonné de ses propos. Je lui demandai seulement quelque lumière touchant ces deux personnages. J'appris que Guéroult de Boisrobert était curieux d'herbes et d'animaux, qu'il était un grand ami de Dumont de Courset, qui avait édifié un jardin aussi beau que le Paradis Terrestre, qu'il avait été en prison sous la Terreur, et qu'il s'était peut-être, dans les cachots de Doullens, délecté à Dioscoride, tout de même que l'abbé Jérôme Coignard, à la Bastille, avait trouvé quelque consolation à lire Boèce et Cassiodore.

Et M. Braquehay me fit un récit de la vie de Guéroult, et me rapporta de lui plusieurs traits dignes de mémoire.

Mathieu-Charles-Marie-René Guéroult de Boisrobert naquit à Montreuil-sur-Mer en 1762. Son père était un vieux militaire et un aimable lettré. Il avait composé des ouvrages sur la guerre comme Frontin et Végèce, et rimé des vers légers comme le duc de Mancini-Nivernois et le chevalier de Boufflers. Le jeune Guéroult débuta lui aussi par la carrière des armes. Sous-lieutenant de canonniers gardes-côtes, il envoya une volée de canon dans la mâture d'un bâtiment anglais, près de Dunkerque. Cet exploit lui suffit. Il se consacra ensuite tout entier aux Muses.

Montreuil était alors visité de temps en temps par des troupes de comédie et d'opéra. Guéroult commença à étudier la basse avec un certain Ducray, qui fut bientôt obligé de disparaître, perdu de dettes et de débauches. La fuite de son professeur obligea Guéroult d'aller continuer ses études à Paris. Il se présenta chez le célèbre Bréval. Bréval le fit jouer, l'écouta, puis lui déclara magnifiquement : « Vous jouez la basse comme un..... animal. » Il précisa l'animal. Toutefois ils ne tardèrent pas à faire amitié ensemble, si bien que Guéroult, comme il le racontait plus tard avec une ingénuité touchante, mangeait tous les soirs des haricots à l'huile avec Madame Bréval, et découpait des bonshommes pour le petit Bréval.

Cette idylle devait avoir son terme. Revenu à Montreuil, il fut arrêté en 1793 et incarcéré à Doullens. Sauvé de l'échafaud par la crise de Thermidor, il revint dans ses foyers et y vécut comme devant, doux, paisible, officieux et occupé d'études diverses.

Bien qu'il vécût dans la condition du célibat, il n'était nullement, comme cela se présente parfois, rechigné, mal plaisant et personnel. Il habitait avec sa sœur qui avait, elle aussi, reculé devant les aventures du mariage. Tous les dimanches, elle allait à la grand messe en une chaise voiturée par deux porteurs. Il l'accompagnait fidèlement. Elle avait l'entendement plus subtil que lui ; elle l'intimidait un peu dans sa jeunesse, et il avait gardé pour elle une sorte de vénération.

Il était très charitable. Il déliait aisément les cordons de sa bourse. Un jour on lui demanda cinq cents francs ; il envoya mille écus. Il s'en applaudissait comme d'un bon tour. « Ils seront bien attrapés, » disait-il. Il riait très volontiers ; il était d'humeur gaie, et il abondait en épigrammes sans fiel.

Sa bibliothèque était ouverte à tout venant. Pour quiconque lui demandait des éclaircissements sur un objet de savoir, sa patience était inépuisable. Sa maison tenait du musée, du laboratoire et du cabinet de physique. Il avait chez lui

Une longue lunette à faire peur aux gens.

Il en observait les éclipses, parallaxes et conjonctions des astres. Il était toujours averti par avance du temps que Dieu faisait ; de manière que les gens de Montreuil le consultaient comme ils eussent fait un almanach.

Il leur annonçait aussi le retour des bateaux pêcheurs dans la baie d'Etaples, les ayant guettés avec son télescope, du haut de la porte de France, et leur apprenait que la marée ne manquerait pas au marché du vendredi. De ses mansardes, il apercevait, au delà des remparts, la vallée de la Canche, avec ses eaux mobiles et ses grands arbres, la petite église ogivale de Neuville, à une demi-lieue de là, et le presbytère. Un jour il avisa le curé qu'une poire oubliée pendait à son espalier, la récolte étant terminée. Sa lunette lui fit peut-être faire d'autres découvertes, encore plus réjouissantes.

Quand le temps était beau, il s'en allait dans la campagne qui s'étend au pied des murs ; il emportait un filet à prendre les papillons et une de ces longues boîtes en métal qu'ont inventées ceux qui sont curieux de disséquer les plantes. Il mettait toute son application à la botanique, que Dumont de Courset, de l'Institut, lui avait enseignée. Souvent il herborisait dans cette ravissante vallée de la Course, où la rivière de cristal étincelle entre deux berges fleuries comme le *Songe d'une Nuit d'Eté.* Au milieu des corolles frêles et tremblantes des myosotis, des hautes salicaires rouges, il poursuivait les insectes légers et bruissants, les grandes libellules aux ailes de gaze. Il goûtait les mêmes joies que le bon Charles Nodier dans les solitudes du Jura ; il avait une âme pareille à la sienne, naïve et tendre, encore qu'un peu moins compliquée.

Il arrivait à sa maison des champs, dans le village d'Estrées. Souvent il y recevait un groupe d'amis. On y faisait de la musique ; on exécutait des quatuors, on chantait des ariettes. Guéroult avait une vieille basse italienne, façonnée à Mantoue en 1716 par l'excellent luthier Andréa Guarneri, de Crémone, et mise sous l'invocation de Sainte Thérèse. Il tirait de cet instrument vénérable de savantes harmonies. C'étaient là de jolies réunions champêtres, où passait comme un écho des anciennes fêtes galantes du XVIIIe siècle, assagies par le sérieux de l'Empire et de la Restauration. Tout cela nous fait songer à une vie provinciale aimable, lointaine, à jamais disparue.

Guéroult de Boisrobert mourut en 1843, n'ayant jamais abandonné la culotte courte et la perruque à trois marteaux.

Quand M. Braquehay m'eut conté ce qui précède, il me montra en sa bibliothèque les Mémoires que Guéroult écrivit sur sa captivité de Doullens et qu'il envoya, de son lit de mort, à l'aïeul de M. Braquehay. Je tins entre mes mains ces grandes feuilles couvertes d'une écriture jaunie. Quand je les eus parcourues, je l'engageai vivement à les publier. Le récit est court, intéressant, dramatique. On peut ajouter foi à ce que dit Guéroult, car il était sans malice.

Henri  POTEZ.

# RÉCIT

Depuis trois semaines on avait mis les scellés chez nous sur toutes nos chambres où il y avait des papiers et autres effets, et pris toute espèce d'armes, telles que fusil, pistolet, épée, couteau de chasse (1).

Ce fut le 25 août de l'année 1793, d'après un arrêté fait la veille au club par un agent de Le Bon, d'exécrable mémoire, qu'une douzaine de nobles (2) furent enlevés à leurs familles pour être incarcérés dans la citadelle de Doullens. Nous étions tous en arrestation dans nos maisons depuis peu de jours, mesure qu'on avait prise afin que nous ne fussions prévenus de rien et que pas un de nous ne pût leur échapper.

C'était le moment où tous les habitants des campagnes venaient se réunir à ceux des villes pour organiser la force armée et faire marcher aux frontières tous les hommes en état de porter les armes depuis l'âge de seize ans jusqu'à celui de soixante.

---

(1) Le gardien des scellés était un nommé J.-B. Leroi. La fortune de Boisrobert était évaluée 4.000 livres de rente. A. B.—Les notes suivies de ces initiales sont celles de l'éditeur.

(2) D'après M. Paris (*Hist. de Joseph Le Bon*, I.105), l'arrêté avait été pris par Asselin, administrateur du Département, la veille même de l'arrivée à Montreuil des représentants Joseph Le Bon et André Dumont. Il visait les quatorze suspects suivants : MM. le baron de Torcy, ancien maire de Montreuil, du Tertre, ancien major de la place, de Moyencourt, de Fresnoye, Guéroult, maire de Montreuil en 1789, et son fils, auteur de ce récit, de Hames, ancien lieutenant de roi, de Bryas, de Lalanne et Cornu, son domestique, des Essars, de Rougeat père et fils et de Cossette. A. B.

Vers les 9 heures du matin du jour susdit, deux officiers municipaux, accompagnés de huit soldats, vinrent me signifier qu'il fallait partir sur le champ pour Doullens, que ce n'était qu'une mesure de sûreté générale, que je n'avais rien à craindre, que dans huit jours je serais revenu chez moi. Ils ne voulaient pas même me laisser emporter de linge ni d'habits, que ce qu'il fallait pour ce court espace de temps. Mais, prévoyant qu'on ne prenait pas tant de précautions pour une semaine ou deux, je comblai une malle de tout ce qui me tombait sous la main. Les alguazils, qui étaient à mes trousses, me talonnaient, juraient, tempêtaient sur ma lenteur, et moi, sachant à peine où donner de la tête, je les maudissais de tout mon cœur — intérieurement, bien entendu.

Mes affaires arrangées, et assez mal comme vous le pensez bien, on se chargea de préparer mon cabriolet (1). La poste vint, et moi, on m'emmena escorté comme un criminel jusques à une auberge où je trouvai mes compagnons d'infortune au nombre de douze. On nous fit dîner avant notre départ qui s'effectua à une heure après-midi. On me donna un second compagnon dans ma voiture, ce qui

_____________

(1) J'ai su depuis qu'André Dumont voulait absolument nous faire aller en charrette ; mais Joseph Le Bon, qui était avec lui au club, dit qu'il fallait nous laisser nos voitures.

formait un cortège de six cabriolets à deux personnes chaque. Nous traversâmes une foule de peuple accourue pour voir ce qu'on n'a pas coutume de voir, de braves et anciens militaires qui avaient été décorés des marques distinctives de leurs services (1), entraînés pour ainsi dire et entourés d'une escorte de chasseurs comme des criminels d'Etat. Le peuple nous considéra silencieusement, et même notre situation arracha à plusieurs personnes des larmes des yeux. Il n'y eut qu'une femme vieille et malhonnête qui nous dit quelques injures ; du reste, nous fûmes plaints assez généralement. Nous eûmes le plus beau temps du monde. Nos satellites n'étaient pas méchants et même, si nous eussions été de vrais coupables, nous eussions eu maintes et maintes fois l'occasion de nous échapper sur la route, surtout dans les villages où les chasseurs s'arrêtaient dans les cabarets.

Nous arrivâmes à six heures à Hesdin. La municipalité n'était pas prévenue de notre arrivée, car tout se faisait sans ordre comme sans justice. On ne voulait pas nous fournir de chevaux, mais nous faire coucher en prison. Enfin nous obtînmes, après deux heures

---

(1) Il y avait sept chevaliers de Saint Louis et encore un militaire à qui il n'avait manqué que peu de temps pour acquérir cette distinction.

d'attente, d'être délivrés des regards empressés d'une foule d'impertinents curieux. Nous voyageâmes la nuit, qui était fort belle, ainsi que le jour, mais le soleil eut beau luire et les étoiles briller, à nos yeux voilés par un avenir sinistre, tous ces astres perdirent tout leur éclat.

A minuit, nous arrivâmes à Frévent encore à trois lieues de Doullens. Là, nous soupâmes jusqu'à trois heures du matin, le 26. En arrivant dans ce bourg, un chartreux de nos environs qui, par parenthèse, avait apostasié, vint à ma voiture et, m'ayant reconnu, nous procura les moyens de nous reposer, usant de son autorité comme municipal (1).

Enfin nous reprîmes notre triste voyage à six heures du matin. Nous vîmes le soleil se lever pour éclairer les hautes murailles de notre prison future. Le spectacle eût été vraiment charmant pour des yeux plus désintéressés que les nôtres; la nature était en vain

(1) Cet ancien religieux était (l'abbé Lefebvre, *La Chartreuse de Notre Dame des Prés*, 296, 316 et suiv. 2e édit.) D. Albert François Cardon, profès de la Chartreuse de Montreuil en 1773 et qui avait 38 ans lorsqu'il déclara en 179.. aux officiers municipaux de Neuville que son désir était de ne rester à la Chartreuse qu'au cas où celle-ci serait conservée comme maison de réunion. Retiré à Frévent, de peur d'être considéré comme suspect, il prête serment, livre ses lettres de prêtrise, se marie et prend une place prépondérante à la Société populaire. Il n'était pas membre du Conseil général de la Commune, comme le dit de Boisrobert, mais était commissaire adjoint aux officiers municipaux. Il devint délégué aux inventaires des meubles appartenant aux détenus, puis employé dans les bureaux de l'administration communale et mourut à Frévent en 1810. Au moment de son décès, Josèphe Massias, sa femme, était domiciliée à St-Pol. A.B.

riante pour des âmes désolées, surtout pour des maris, des pères, des enfants le cœur tout récemment déchiré et profondément ulcéré par la triste et affreuse séparation des personnes qui nous étaient les plus chères au monde. Il ne m'est pas permis de penser à ce jour désastreux sans éprouver un frémissement dans tous les membres. En effet, quelle situation pour des hommes entraînés, arrachés des bras suppliants de leurs épouses éplorées, de leurs mères, sœurs, filles et amis, la plupart dans les convulsions affreuses du désespoir, employant inutilement toutes les supplications, répandant des torrents de larmes, employant tous les moyens dictés par la nature pour tâcher de fléchir des âmes de glace qui ne se dévoilaient que par leurs dérisions amères ou en repoussant brutalement et inhumainement tous les témoignages sensibles de l'amour outragé par une séparation mille fois plus cruelle que la mort. Ah ! tirons le rideau sur ces atrocités et voyons notre réception sur la place de Doullens.

Il était six heures du matin, quand nous fûmes obligés de passer à travers une foule de sans-culottes en bonnets rouges et gorgés de liqueurs fumeuses. Ils nous saluèrent avec les acclamations de « Vive la Nation ! A la lanterne ! » chantant « A ça ira », sans compter mille autres gentillesses du même genre.

Entre autres ils s'adressèrent aux plus âgés de notre bande peu joyeuse, qui étaient dans le premier cabriolet ouvrant la marche. On les apostropha ainsi : « Ah ! les vieux gueux, les vieux scélérats ! Vos perruques ne vous tiendront pas longtemps chaud ! Ah ! que ça fera de jolis enfants de chœur à la guillotine !»

Dans une des voitures suivantes, il y avait un père avec son fils âgé de 15 ans, à la vue duquel ils s'écrièrent avec férocité : « Ah ! ah ! en voilà un bien jeune. Nous verrons s'il a le sang beau. » Le pauvre enfant fut si frappé du compliment qu'il fut près de huit jours sans avoir le courage de manger, ne pouvant dormir, se croyant toujours prêt à être égorgé. Mon compagnon et moi formions l'arrière-garde. Nous sommes fort maigres, surtout lui ayant la barbe longue et noire ; étant fort mal peignés, on nous fit compliment sur notre bonne mine en nous disant : «Ah ! pour le coup, en voilà deux qui ont bien l'air de ce qu'ils sont ; on voit bien sur leur figure que c'est du gibier de guillotine. » Or, il faut vous dire que ceux qui nous firent une si gracieuse réception venaient d'escorter des messieurs d'Abbeville, au nombre de dix-neuf, depuis cette ville jusqu'à celle de Doullens, à l'effet de quoi il leur avait été distribué la somme de 30 à 40,000 livres, et quand on leur reprochait leur ingratitude, ils répondaient : « Il faut bien que nous gagnions notre argent. » Ah ! maudit intérêt, que de monstres tu as enfantés !

Enfin , débarrassés de cette détestable cohue, il nous fallut mettre pied à terre pour grimper à la citadelle par un très long pont fait par gradins comme un escalier, composé de madriers, de sorte que les voitures furent obligées de faire un long circuit pour entrer par la porte de secours qui conduit dans la citadelle dont je parlerai plus tard. On ferma bientôt les portes derrière nos talons.

Ne sachant où nous loger, on nous laissa le temps de réfléchir sur notre destinée en attendant qu'on pût nous trouver place, car les logements fourmillaient déjà de détenus, entre autres un quartier dans lequel il y avait plus de cent religieuses flamandes.

Vers les neuf heures, on vint nous inviter, de la part des détenus d'Abbeville à venir, en attendant qu'on eût préparé une place pour la nuit suivante, comme amis et camarades d'infortune , partager leur chambre dans laquelle nous les trouvâmes couchés sur leurs matelas étendus par terre ; tout le plancher en était couvert, il y avait à peine un passage. Leur réception amicale et toute obligeante nous dédommagea amplement des avanies que nous venions d'essuyer. Presque tous les jours nous avions des spectacles nouveaux, tantôt de nouveaux détenus, tantôt des bandes de prisonniers Autrichiens qu'on faisait passer et repasser continuellement sous nos yeux pour faire croire à des victoires qui souvent n'avaient pas existé, ou pour nous faire désespérer du succès de la bonne cause (1).

Au bout de huit jours de notre incarcération, un grand brouhaha nous avertit de l'arrivée de deux grands seigneurs de haute cour : le lieutenant-général Crillon et le colonel Joseph de Broglie, étendus sur de la paille dans un tombereau. Ces deux nouveaux prisonniers furent tout gras de pouvoir profiter de notre plancher et d'une place à notre table pendant plusieurs jours. Ils se regardaient comme morts à cause de leurs noms illustres qui étaient un très grand crime, vu les circonstances. Le premier a eu la vie sauve par le moyen d'André Dumont qui l'a retiré de Doullens pour l'envoyer à Amiens et, par là, le sauver des griffes de Joseph Le Bon. Le jeune Broglie fut emmené à Arras pour être guillotiné. Mais la Providence lui procura les moyens de s'évader des prisons de cette malheureuse ville baignée de sang. Il se fit mettre à l'hôpital et on lui fit une

---

(1) Nous voudrions pouvoir supprimer ce passage. Malheureusement, au cours de nos dissensions politiques et religieuses, le sentiment du patriotisme a été plus d'une fois oblitéré. A. B.

carte d'officier de santé. Il profita de ses bonnes jambes pour gagner pays et se mettre à couvert des bourreaux (1). On a su qu'il s'était réfugié en Suisse. Ce jeune seigneur est poëte et pétri d'esprit.

Vers la mi-septembre, on a amené des messieurs d'Abbeville dont un gros papa qui pleurait comme un enfant, mais qui fut bientôt tranquille quand il vit qu'il était en bonne compagnie et qu'il nous vit l'air assez contents. Car jusqu'alors, rien n'était inquiétant pour nous. Un autre jour arrivaient des messieurs de la ville de Lille qu'on logea dans la seconde citadelle, n'ayant plus place dans la nôtre.

Dans le courant de septembre, il faillit y avoir une révolte occasionnée par une bande de prisonniers autrichiens arrivés un jour à deux heures de l'après midi. On les laissa manquer de pain jusqu'au lendemain neuf heures du matin, heure à laquelle on voulait les faire partir sans leur en distribuer. Il y en eut un entre autres, qui ne voulut pas s'acheminer et qui, raisonnant avec les geôliers, fut maltraité par des citoyens de la ville qui voulaient le mettre au cachot pour le faire

---

(1) L. A. J. de Broglie, né à Paris, domicilié à Abbeville, était entré à l'hôpital d'Arras d'où il parvint à se sauver, vraisemblablement avec la complicité d'André Dumont. *Compte-rendu par André Dumont à ses commettans*, 96 et Paris, *Op. cit.*, I, 243. **A. B.**

taire. Mais ventre affamé n'a point de maître.
Je le vis assis sur les marches du cachot où
l'on voulait l'entraîner. Il avait la figure et
les mains ensanglantées, ayant été malmené
pour avoir trop bien exprimé ses besoins.
Je l'entendis maudire notre nation et demander du pain ou la mort en faisant signe de la
main, portant les doigts réunis dans la bouche et en passant contre son col la main
étendue horizontalement. Nous tremblions
que la contagion ne gagnât au même point
tous les prisonniers étrangers, car le mécontentement de nos satellites eût pu retomber
sur nous en nous accusant d'être complices
des murmures trop bien fondés des prisonniers de guerre. Aussi avait-on grand soin
de nous empêcher d'avoir aucune conversa-
tion ou autre espèce de relations avec eux,
et ce ne fut que dans l'accès de leur rage
patriotique que des municipaux de Doullens,
armés de grands sabres pour venir à bout
d'un seul homme mourant de faim et n'ayant
pour égide qu'une capote en lambeaux, nous
laissèrent approcher assez de ce malheureux
pour entendre ses justes réclamations contre
l'indigne traitement qu'on lui faisait essuyer
contre tous les droits de la raison et de
l'humanité. Enfin, on fut obligé de leur
donner du pain, voyant qu'on ne pourrait
pas les calmer, et pour les empêcher d'en
trop dire, on se hâta de les mettre dehors.

A la fin de septembre, arrivèrent le maréchal de Mailly, âgé de quatre-vingt-neuf ans, et sa charmante épouse, âgée de trente ans (1), suivis d'un maréchal de camp nommé Monteil, d'un capitaine de gardes du corps et d'autres messieurs.

Monsieur de Mailly fut logé dans la maison du commandant, à côté de deux otages de Bruges que les Français avaient pris.L'un se nommait Odonnoghe et l'autre van Calonne, hommes de grand mérite et répondant sur leur tête de la fidélité de leurs concitoyens (2).

Au commencement du mois d'octobre, nous eûmes la visite du représentant André Dumont qui nous regarda tous du haut de sa grandeur, ne faisant pas l'honneur de répondre aux suppliants ni d'écouter le sujet de leurs plaintes. Il mit en poche quelques pétitions dont il alluma son feu ou sa pipe. Il nous trouva trop bien logés pour des aristocrates, il donna l'ordre de nous reléguer dans la seconde citadelle. Plusieurs détenus demandèrent à André Dumont pour combien de temps ils étaient enfermés dans cette triste enceinte. Il leur répondit froidement :

---

(1) Le maréchal de Mailly, qui avait défendu les Tuileries pendant la journée du 10 août, fût arrêté à Moreuil et conduit à la citadelle de Doullens le 26 septembre 1793, par ordre d'André Dumont. A. B.

(2) Odonnoghe, conseiller prussien, et van Calonne, bourgmestre de Bruges, furent redemandés dans la suite par Cobourg, en échange d'officiers livrés par Dumouriez et que réclamait le ministre Lebrun. V. *Le Moniteur*, XVI, 390. A. B.

« Jusqu'à la paix. » Et voilà tout ce qu'on en put tirer de plus consolant. « Jusqu'à la paix ! se disait-on. Voilà une belle perspective ! Bien, ma foi, ne nous voilà pas mal nichés. Comment, diable, jusqu'à la paix ! ! » On ne pouvait digérer cette réponse. Mais on fut obligé de faire trêve à ses réflexions sinistres pour songer au déménagement.

Le lendemain, il fallut tout transporter dans la citadelle supérieure, la plus neuve et fortifiée par Vauban. Il y a au-dessous les plus beaux souterrains possibles, tout le long des murs et en travers. C'est comme un labyrinthe où, furtivement, j'ai été introduit par un détenu de Doullens qui connaissait les détours et m'y a conduit, chandelle en main. Il y a des soupiraux d'espace en espace, ce qui sert à donner de l'air et de la lumière aux troupes ou habitants qui s'y enferment dans les temps de siège, pour être à l'abri de la bombe. Il y avait quelques endroits de la voûte écroulés, et nous allions à travers les décombres et en compagnie de chauves-souris qui tapissaient les voûtes où elles pendaient la tête en bas, étant suspendues par les griffes qu'elles ont au bout des ailes. Si j'eusse été dans le cas de me croire coupable, j'eusse pu m'évader, car j'ai touché les portes de sortie qui donnaient dans les fossés extérieurs : il n'y avait qu'un verrou niché dans une brique, et un couteau m'eût donné la clef des champs.

Mais revenons à notre entrée peu triomphante dans notre dernière demeure. Nous avions tous l'oreille basse, et quand nous vîmes les logements qu'on nous destinait, nous reculâmes d'horreur en disant tous à l'envi : « Hé fi ! hé fi ! on a encore moins pitié de nous que si nous étions des chiens. » Enfin il fallut bien en prendre son parti. Chacun apporta ses effets après avoir préalablement balayé à la pelle, je dirais presque à la fourche, les appartements modestes dont des pourceaux se seraient bien accommodés, ne se croyant pas trop somptueusement logés.

Le Français sait tirer parti de tout et, à force d'être mal, le ridicule de la chose finit, après bien des déclamations sur la dureté du traitement, par nous faire rire les uns des autres. On allait se visiter réciproquement pour se féliciter non pas sur la beauté ou la commodité de l'emplacement, mais, au contraire, c'était à qui se vanterait les objets les plus dégoûtants.

Il y a deux pavillons qui servaient de casernes à quelques invalides en temps de paix. La plus grande partie des chambres, si toutefois on peut appeler ainsi des réduits bien noirs, était tout enfumée ; les murs couverts de crachats, remplis de tabac, ayant l'air d'être quelque chose de pis ; le pavé en briques à demi brisées, tout rempli de trous et de boue ; des croisées petites, mal jointes et à demi vitrées en vitraux d'église ne laissant passer que la moitié du jour; quelques vieux châlits à moitié vermoulus, des sangles, des planches, de la paille étendue pour matelas ; encore n'en avait pas qui voulait, car plusieurs furent obligés de mettre leur paille sur le pavé, parce qu'on mit plus de monde dans les chambres que les lits n'en pouvaient contenir. Ajoutez à cela les puces qui y fourmillaient, le plancher suintant de bière et autres liquides qui y avaient été répandus dans les endroits qui servaient de cantine, comme notre appartement qui avait été employé à cet usage, vous aurez une petite idée de notre situation pénible, douloureuse et dégoûtante.

On s'accoutume à tout. A force de soin, nous fûmes le moins mal et nous prîmes notre mal en patience. Nous fûmes obligés de faire notre cuisine nous-mêmes. Comme le plus patient, je fus institué rôtisseur, et puis employé à griller le pain pour la soupe, ce qui n'était pas petite besogne, car figurez-vous que ce qu'on nous forçait d'acheter était un composé noir et collant au point qu'au bout de huit jours, le pain, jeté contre la muraille, y restait collé comme une sole et qu'il me fallait une heure pour en griller six pièces pour la soupe, lequel s'y délayait comme du son au point qu'on eût pris notre potage plutôt pour le breuvage de quelque habitant d'étable que pour la nourriture des hommes. Heureusement la viande était bonne, mais on nous la faisait bien payer en conséquence.

Vers la fin d'octobre, il arriva deux collèges entiers de Douai, tant précepteurs qu'écoliers. C'étaient des bénédictins anglais, avec une centaine d'écoliers de la même nation (1). On les logea dans le château de la première citadelle où nous étions d'abord, de sorte que nous n'eûmes de communication que par hasard. Il y eut un autre envoi de Douai, tels que nobles, conseillers, médecins, avocats, procureurs, marchands, muets, goutteux, etc...

Ils passèrent, comme les prisonniers de guerre, leur nuit sous une grande voûte très humide où il y avait un peu de paille pleine de poux et de rats, et, de plus, le tour des murs était gardé par une infinité de ces sentinelles qui ne disent rien, mais qu'on ne sent pas moins. Ajoutez à cela que ces nouveaux venus avaient eu dans leurs cachots, toute la journée, la pluie sur le corps. Vous pouvez juger s'ils passèrent agréablement leur nuit, surtout une de celles de la fin de ce mois, lesquelles commencent à être longues,

---

(1) De Boisrobert confond ici les collèges anglais de Douai et de Saint-Omer, le personnel dirigeant de ce dernier étant recruté dans le premier. V. G. de Hauteclocque, L'*Enseignement dans le Pas-de-Calais jusqu'en 1804*, 163 et 220. — A. B.

humides et froides. Comme ils avaient eu de très mauvais temps, ils n'arrivèrent que fort tard, de sorte qu'on se contenta de jeter leurs matelas, malles et autres effets dans la boue, au bas de la citadelle, où chacun, à tâtons, travailla de son mieux et tout en patrouillant jusqu'au corps de garde où, le lendemain, chacun avait peine à reconnaître ses hardes, tant le tout était mouillé et crotté.

On ne savait où loger les nouveaux venus· Les autorités de Doullens ne se gênèrent pas, elles en emmenèrent deux, trois ou quatre par chambrée selon que cela leur plut, et, après les avoir installés au milieu de nos chenils, ils se retirèrent en nous disant : « Arrangez-vous comme vous l'entendez ; mais il faut que ceux-ci trouvent place ; vos lits sont faits pour deux ; s'il n'y en a pas assez, ils coucheront par terre. Au reste, c'est votre affaire. »

Elles nous laissèrent ainsi. Les nouveaux venus ne nous trouvèrent pas une mine fort réjouie du compliment et eux n'étaient pas plus satisfaits. Il s'en fallait que nous le fussions de part et d'autre, nous, de nous voir si resserrés, et eux, de se voir dans une telle demeure et n'apercevant pas une place pour se reposer. Enfin tout s'arrangea. Il y avait, entre autres, un ancien militaire, chevalier de Saint-Louis, qui se désolait de se voir ainsi réduit. Nous fûmes obligés d'oublier nos maux pour le remettre. Un vieux chasseur, de nos satellites, lui fit surtout en nous l'amenant le compliment suivant : « Ah çà, il faut être honnête. Vous êtes ici avec tous braves gens ; ayez soin de vous comporter comme il convient. » Il est vrai qu'à en juger à l'extérieur un homme âgé, mal peigné, la barbe longue et grise, le teint jaune, la figure creuse et allongée par les peines et les inquiétudes, le mauvais temps, une mauvaise nuit et, de plus, la surprise de se voir au milieu de personnes toutes inconnues, il y a bien de quoi être pris pour ce qu'on n'est pas, et celui qui pouvait prêter à avoir si mauvaise opinion de lui, dans le fond, n'en avait pas une beaucoup meilleure de nous en nous voyant d'abord, comme il nous l'a dit depuis, quand nous eûmes fait connaissance.

Dès le même mois, on nous avait amené aussi des environs de Saint-Pol beaucoup de fermiers qui n'avaient pas voulu fournir en grains la quantité requise. Ce fut en novembre, autant que je puis me le rappeler, car il s'est passé tant de choses dans si peu de temps que les idées se confondent avec les époques. Mais du moins, si je me trompe sur la chronologie des faits, ils n'en sont pas moins certains pour être rapportés quelques jours plus tôt ou plus tard ; soit dit en passant, une fois pour toutes, je n'avancerai que les choses dont j'ai été auteur, acteur ou spectateur. Ce fut donc dans l'automne qu'un jour, vers trois heures du soir, on nous fit tous rentrer dans nos chambres parce qu'on allait ouvrir la porte de secours pour faire entrer des chariots de Saint-Pol et des environs contenant soixante-dix-huit personnes des deux sexes, de tout âge et de toute condition. C'était le résultat d'une journée de Joseph Le Bon qui n'oublia pas ses compatriotes pour le malheur de beaucoup (1).

Ce fut dans une de ses tournées de campagne qu'il lui arriva le trait suivant que je ne puis m'empêcher de raconter, tant il m'a frappé, et en même temps pour faire bien apprécier l'homme ou plutôt le diable sous les griffes duquel nous étions entre la vie et la mort.

Ce monstre ci-dessus désigné, en cherchant des victimes, parcourait les villages, n'en trouvant pas encore assez dans les villes pour satisfaire son avidité pour le sang. Dans sa route, il s'arrête dans un beau château abandonné de ses légitimes possesseurs, mais occupé par un excellent patriote —

---

(1) Joseph Le Bon, natif d'Arras, avait épousé Elisabeth Reguiez, de Saint-Pol. A. B.

pour ses intérêts bien entendu. Ce nouveau
parvenu, fier de ses belles possessions, reçoit
astueusement le représentant Joseph Le Bon
ou bien plutôt le Mauvais, comme lui dit une
fois un vieux curé qui trouva moyen de le
faire rire, en l'appelant le mal nommé, et qui
eut sa liberté en faveur du bon mot ; le régala
de son mieux, lui donna de son meilleur vin
et ensuite le promena dans tous ses appartements, jardins et alentours, lui en faisant
remarquer toutes les beautés et lui vantant
surtout la grande quantité de terres, de la
meilleure qualité, formant son domaine, qui
le mettait dans le cas de vivre avec la plus
grande aisance tout le reste de sa vie. Il finit
par inviter le représentant à lui faire le plaisir de vouloir bien s'arrêter chez lui toutes
les fois qu'il passerait par cet endroit et à ne
pas oublier qu'ils sont en connaissance et
amis depuis longtemps. Joseph Le Bon le lui
promit et, deux heures après l'avoir quitté,
il repassa par le même village, fit enlever
celui qui l'avait si bien festoyé, le fit conduire
à Arras, et il fut guillotiné le lendemain (1).

Ceci me rappelle cette parabole de l'Evan-
gile qui propose un homme riche qui, ayant

---

(1) Ceci m'a été rapporté par des personnes dignes de foi. D'ailleurs, il en était bien capable.

amassé tout ce qu'il avait recueilli, se dit à lui-même : « Reposons-nous et faisons bonne chère. » Mais Dieu dit à cet homme : « Insensé fait une récolte extraordinaire et ayant bien que tu es, on te redemande ton âme cette nuit même, et pour qui sera ce que tu as amassé ? » Et c'est là l'état de celui qui amasse des trésors pour soi et qui n'est point riche en Dieu. Hélas ! qu'il fasse miséricorde à celui à qui Le Bon n'a pas laissé beaucoup de temps, mais encore assez pour faire de bien tristes réflexions.

Revenons-en aux personnes de Saint-Pol. Il y avait des dames, des bourgeoises, des paysannes, une religieuse ; en fait d'hommes, il y en avait de toutes les classes et un ermite, par-dessus le marché, bien déguenillé et bien pouilleux, et, qui pis est, un dénonciateur accusé d'avoir fait guillotiner neuf ou dix personnes par les dépositions faites contre ces individus, de sorte qu'il n'était regardé que comme un vil scélérat, un espion, qui, le soir, venait écouter aux portes pour tâcher de surprendre dans leurs paroles les personnes trop confiantes ou indiscrètes, ayant pu porter quelques plaintes contre le gouvernement d'alors qui était ce qui s'appelle exécrable, abominable, effroyable. Mais à peine osait-on le penser, de peur d'être découvert.

Un beau jour, on envoya aussi quatre filles
de joie, de la ville de Douai où l'on voulait
apparemment épurer les mœurs, en suppo-
sant qu'il n'y eût que ces quatre-là, ou plutôt
l'on voulait attenter à notre vertu, seul vrai
bien qui nous restât au milieu des adversités
qui nous échurent dans le temps dont je ferai
mention plus tard.

Nous passâmes assez paisiblement notre
hiver qui, heureusement, ne fut pas très
rude. Mais, comme nous eûmes à nous pro-
curer du bois et que celui qu'on nous vendait
était vert et les fagots feuillés, nous avions
beaucoup de peine à avoir le feu en activité.
Il me vint une idée qui nous aida beaucoup.
Me promenant les après-midi, sur le
revers des terrasses et au dedans des bas-
tions qui sont pleins d'herbes, je m'amusai à
casser et à ramasser les tiges sèches de la
grande berce et les feuilles de panicaut très
commun dans cet endroit ainsi que l'autre
grande plante. J'en faisais de petits fagots et
les rapportais à la chambrée. Lorsque j'eus
bien récolté, il s'en trouva un bon tas sous
mon baudet qui en avait jusqu'aux sangles
et l'on venait au magasin d'allumettes sans
craindre de ruades, mais avec précaution,
de peur de se piquer aux épines de panicaut.
Plus d'un muscadin m'a ri au nez, ne sachant
mon but en me voyant grimper comme un

polisson pour casser quelques tiges sèches. Mais les plus sensés, me voyant l'air assez réfléchi dans mes actions, me questionnèrent sur l'emploi de mes ramassis et, trouvant que je n'étais pas si ridicule que j'en avais l'apparence, regrettèrent n'avoir pas eu la même manie ; car, ayant voulu m'imiter, il n'y avait plus rien à faire, j'avais tout enlevé, et la neige venant leur fit perdre jusqu'à l'espoir de glaner des brins qui auraient pu échapper à ma patience.

L'hiver ne fut pas long. L'étude, la promenade, les jeux de toute espèce variaient nos instants, de sorte que le temps s'écoulait encore assez rapidement, et même les jours gras furent-ils assez gais, chose qu'on n'eût pas osé espérer dans la captivité où nous étions condamnés, dans le triste éloignement de nos parentes et amies qui étaient enfermées de leur côté. Mais comme nous recevions souvent de leurs nouvelles et toujours satisfaisantes, nous nous endormions dans la sécurité engendrée par le fond de nos consciences, et, nous appuyant sur la justice, nous ne faisions que plaisanter, rire, boire et manger et, de plus, chanter comme des bienheureux, quand le vin nous avait émoustillés. Nous étions contents comme des hommes dans la plus grande abondance, quoique réellement forcés à bien des privations. Mais la Providence bienfaisante nous épargna les inquiétudes sur les maux qui devaient bientôt fondre sur les uns et menacer les autres en les tenant toujours en suspens dans l'incertitude du sort qui leur était réservé.

Je me liai d'amitié avec un aimable homme de Douai rempli d'esprit et de savoir, et de plus, ayant toutes les qualités du cœur les plus essentielles. Nous faisions philosophiquement nos promenades tête à tête ; nous causions physique, poésie, botanique (1), morale, etc., finalement, tout en causant, nous arpentions la citadelle dans tous les sens et nous en connûmes toutes les productions végétales et animales. Pour ces dernières, elles se réduisirent à des crapauds, des chauves-souris, des poux et des puces à foison, qui m'aimaient tant qu'elles quittaient mes compagnons de chambrée pour venir me sucer ; elles me pinçaient au cou surtout, au point qu'on eût dit qu'elles étaient chargées de la part de Joseph Le Bon de m'accoutumer petit à petit à en faire le sacrifice.

---

(1) C'est à la lecture de la *Flore Française* de Lamark, que lui avait prêtée Dumont de Courset, dont il devint dans la suite le collaborateur, que de Boisrobert s'éprit de la botanique. « Si je ne suis pas mort d'ennui dans la citadelle de Doullens où je fus détenu treize mois, écrivit-il en 1826, c'est l'usage que M. de Courset m'apprit à faire de mes livres de botanique qui m'a soutenu. Ces mêmes livres m'ont servi à former un élève d'un de mes compagnons de captivité, lequel, étant rendu à la liberté, fut admis à l'Ecole de médecine de Douai, et maintenant est établi à Arras, en qualité de médecin consultant. de Boisrobert. *Notice sur le baron de Courset*, p. 29 du *Procès-verbal de la séance publique de la Société d'Agriculture de Montreuil du 29 mai 1826.* A. B.

Vers la fin du mois, plusieurs de mes compagnons d'infortune et de voyage de Montreuil ici me quittèrent pour aller rejoindre leurs épouses en détention à Abbeville. Ils avaient obtenu cette faveur du représentant André Dumont qui leur rendit par ce moyen le double service de les réunir à ce qu'ils avaient de plus cher et de les éloigner du tribunal de sang établi dans la suite à Arras.

Ce fut le premier dimanche de Carême de l'année 1794, époque à jamais mémorable, que tout changea bien de face pour les pauvres détenus, car, depuis le jour susdit, notre temps ne fut varié que par des enlèvements funestes, des craintes continuelles, des contraintes et des privations de tout genre et de toute espèce.

D'abord je veux tracer l'exact tableau de la scène qui se passa le premier jour de Carême, jour bien propre à nous faire rentrer en nous-mêmes en commençant notre pénitence.

A neuf heures du matin, nous entendîmes ouvrir la barrière qui criait sur ses gonds. Le son flûté qu'elle faisait retentir sous une grande voûte nous semblait par la suite, chaque fois qu'elle retentissait, nous faire entendre les serpents des Euménides sifflants et prêts à envelopper nos têtes.

À l'instant, nous vîmes apparaître le nouveau commandant de la citadelle (1), accompagné de sept bonnets rouges, que nous sûmes bientôt être des infâmes gens du représentant Joseph Le Bon (2), l'agent national de Doullens, des municipaux, des gardes nationaux et un gros détachement de chasseurs pour escorte, car on nous craignait encore, quoique fort pacifiques et, de plus, bien désarmés.

A peine tous ces ministres de l'oppression furent-ils entrés qu'on empêcha de rentrer dans leurs quartiers tous les détenus qui étaient à la promenade, au puits ou ailleurs, et on força tous ceux qui étaient dans leurs chambres d'en sortir aussitôt, sans leur laisser le temps de rien manger ni de ranger ni de s'habiller tout à fait ; ceux qui n'avaient fait leur toilette qu'à demi n'eurent pas même le temps de prendre leur chapeau. Les plus paresseux furent les plus attrapés, car il fallut déguerpir de ses draps et, bon gré mal gré, avoir, au moins pour l'instant, l'apparence

---

(1) Le général Buchotte, commandant précédemment la citadelle de Doullens, avait été arrêté quelques jours auparavant par ordre d'André Dumont. Comme il n'y avait pas alors de comité de surveillance à Doullens, le commandant était le seul qui eût la police des détenus ; c'était à lui que ces derniers remettaient leurs lettres pour être envoyées à la poste, et lui aussi qui recevait les réponses qui leur étaient adressées. Cela suffit pour le faire suspecter et le conduire à l'échafaud. A. B.

(2) Ces commissaires, nommés par Le Bon le 8 mars, arrivèrent dès le lendemain à Doullens. C'étaient les citoyens Darthé, Galand, Caubrière, Daillet, Le Blond, Planès et Delestré. A. B.

d'être sans-culotte. Tout ce qu'ils purent obtenir fut le court délai que demandait un chacun pour faire de l'étui des Pays-Bas l'usage usité.

Quand nous fûmes au grand air, très froid ce jour, on mit des sentinelles aux portes des quartiers des deux pavillons formant notre logement, et nous, au nombre de deux cents environ, on nous resserra dans un certain espace couvert de gazon. Là, nous fûmes entourés comme un troupeau de moutons dans un parc ; ces soldats, armés et placés à trois ou quatre pieds de distance, faisaient un cordon qui en formait l'enceinte. Alors Darthé, digne agent de Le Bon, accompagné de ses confrères, demanda où était le n° 10 du pavillon à droite. C'était justement celui de notre chambre. Le dernier qui en était sorti était un vieux gentilhomme artésien qui en avait la clef en poche. Il s'offrit pour les y conduire et en ouvrir la porte. Ils demandèrent alors un avocat d'Arras, receveur du cardinal de Rohan (1), pour l'accompagner. Ils furent environ une heure enfermés dans notre appartement avant que nous pussions savoir ce qui s'y passait. Pendant ce

---

(1) Cet avocat était Louis-Marie-Joseph Liger, receveur du cardinal de Rohan, abbé de Saint-Wast d'Arras, qui fut condamné en cette ville le 31 mars 1794, sous le prétexte tout à fait fantaisiste d'avoir voulu corrompre le général Buchotte, commandant de la citadelle de Doullens. V. Paris, *op. cit.* I, 275 et suiv. A. B.

témps, nous étions tous fort fatigués. Un détenu, ayant ouï dire que l'on n'était venu que pour faire une perquisition dans les papiers, déchira par petits morceaux une lettre ou chanson ; on a dit que c'était celle que je m'étais permis de faire sur son compte qu'il ne voulait pas qu'on vît. Cependant elle fut trouvée par nos persécuteurs qui l'emportèrent au tribunal révolutionnaire, ainsi que plusieurs autres plaisanteries que j'avais faites dans nos jours de gaieté. Le sujet d'une de ces plaisanteries faillit être bien funeste à celui qui en fut l'objet, car un chasseur, ayant aperçu celui qui déchirait et laissait tomber par terre ces morceaux de papier, en avertit ses camarades qui cherchaient à s'en saisir. Dans la mêlée, il y avait plusieurs robes de chambre semblables et le soi-disant coupable, sachant qu'on lui en voulait, profitait de la confusion de notre groupe pour se faufiler tantôt d'un côté, tantôt de l'autre, sans trop guères s'écarter du centre, de sorte que sa promenade ressemblait assez à celle d'un homme égaré dans un labyrinthe. On s'adressa d'abord à un détenu de notre chambrée ; mais le dénonciateur l'avait trop bien examiné, car, après en avoir pris d'abord beaucoup d'autres pour le déchireur, celui-ci, malgré tous ses tours et détours, fut joint, forcé d'avouer et mené dans notre chambre où nous le trouvâmes après avoir vu ce qui suit :

Tous nos satellites, voyant qu'ils ne pouvaient pas avoir l'œil sur nous aussi exacte-
ment qu'il leur était enjoint, et en outre
l'impossibilité de le faire tant que nous serions
en masse, prirent le parti de nous mettre tous
sur une seule ligne, qui ne laissait pas que
d'être assez longue, et l'on nous commandait
alignement comme si nous eussions été un
bataillon de troupes réglées. Il s'en fallait de
beaucoup cependant, car il y avait beaucoup
de femmes, surtout des religieuses, des
sourds-muets, des borgnes, des goutteux,
des bossus, des jambes de bois, étrange
ramassis, sans compter les différents états et
conditions de chaque individu. C'était le
spectacle le plus singulier et peut-être risible
pour quelqu'un qui n'eût pas été acteur
parmi les vexés. En vérité, quand je me
rappelle toutes ces scènes, je suis tenté de
me frotter les yeux, croyant rêver, tant ce
que j'ai vu me paraît encore incroyable, et, si
nos arrière-neveux croient tout ce qui s'est
passé dans la Révolution, ça ne sera que dans
la ferme persuasion qu'il est impossible à
l'esprit humain de concevoir et d'imaginer
des choses pareilles, que pourtant nous avons
vues les yeux bien ouverts et avec toute la
présence d'esprit capable d'augmenter encore,
par l'attente de l'avenir, des maux qui
n'étaient déjà que trop réels, mais trop grands
et d'un genre trop singulier et trop nouveau

pour avoir été prévus. Il n'appartient qu'à la divine Providence de savoir jusqu'où peut aller la malice et la méchanceté des hommes.

Quand nous fûmes alignés comme j'ai dit ci-dessus, notre position fit changer les opinions de plusieurs des détenus qui, s'étant vus entourés de fusiliers, se croyaient perdus et s'imaginaient que, pour avoir plus tôt fait, on allait tout simplement nous fusiller. Plusieurs en eurent mal au cœur ; on fut obligé d'aller chercher de l'eau-de-vie pour les ranimer.

Lorsque le cordon de chasseurs se rompit, ceux qui, jusqu'alors, avaient cru qu'on allait les fusiller commencèrent à avoir le cœur un peu plus ferme. Les habitants de la ville étaient grimpés sur les hauteurs de la première citadelle, afin de jouir du doux spectacle de nous voir expédier par la voie la plus courte, tant ils étaient persuadés que ce n'était qu'à cet effet qu'on avait fait entrer un assez grand nombre de soldats avec leurs armes chargées et cartouches dans les gibernes. Des voyageurs qui, dans ce moment, partaient de la ville, portèrent dans les villages voisins la nouvelle de cette expédition, de sorte que des personnes de Douai, qui avaient de leurs parents incarcérés avec nous, s'étant mises en chemin peu de jours après pour venir les voir et leur apporter des secours pécuniaires ou autres, apprirent la nouvelle de notre fusillement, étant encore à environ une lieue de Doullens. Qui pourrait peindre leur situation? Elles ne savaient quel parti prendre. Cependant les moins crédules de leur compagnie les engagèrent à venir jusqu'à Doullens pour être bien sûres que ce n'était pas une histoire faite à plaisir. Elles cheminèrent tout en tremblant, à peine leurs jambes pouvaient-elles les soutenir quand elles s'approchèrent de la ville et, lorsqu'elles voulurent demander s'il ne s'était rien passé d'extraordinaire dans la citadelle, leur langue se refusait à exprimer, tant elles étaient confuses et avaient leurs idées troublées. Aussi la première personne à qui elles s'adressèrent ne savait qu'en penser ni que leur répondre. Toute autre personne que celle-ci les eût prises pour des malfaiteurs ou tout simplement pour une bande de fous ou plutôt d'imbéciles. Enfin elles tâchèrent de se faire comprendre et alors elles obtinrent de venir avec leurs voitures à la porte de secours de la citadelle. Des soldats et les geôliers firent entrer les effets que les Douaisiens avaient amenés à leurs compatriotes. Le tout se fit en présence du commandant, escorté d'un détachement pour empêcher toute communication extérieure avec les détenus. Tout ce que les voyageurs purent avoir de plus consolant, ce fut d'entrevoir ceux qu'on leur avait dit fusillés. C'était vraiment un spectacle touchant et en même temps un tableau singulier. Il y avait bien un espace de cent pas entre les détenus qui en étaient les acteurs et leurs parents qui figuraient au delà du pont-levis. D'abord il s'éleva une cacophonie qui faisait rire les désintéressés à la chose. De part et d'autre ils criaient au plus fort, pour tâcher de se faire entendre; mais, comme ils parlaient tous à la fois, ils réussissaient à merveille à faire le contraire. De plus, les sentinelles abondaient et juraient tant qu'elles avaient de force contre l'un et l'autre parti, et repoussaient les détenus avec la baïonnette au bout du fusil ou à coups de bourrades pour les empêcher de trop se communiquer avec leurs parents libres, craignant toujours que l'amour paternel, filial, fraternel, etc., ne donnât des forces ou des ailes aux détenus pour voler dans les bras de leurs compatriotes. Ils se mettaient entre deux et en étouffant demandes et réponses, interceptant jusqu'aux simples regards. Cependant, on n'eut jamais tant envie de se voir et de se montrer de part et d'autre que ne l'avait chaque individu formant les deux groupes agités par les divers sentiments de l'espoir et de la crainte, de la tendresse la plus expressive, de la tyrannie la plus révoltante. Oh ! mon ami, il ne faut

que sentir et l'avoir vu pour pouvoir se former une idée des choses qu'eurent à soutenir ces cœurs vertueux qui, d'une part,
cherchaient à démêler dans la foule l'un son
père, l'autre son époux ou son frère, son
oncle, son ami, le dirai-je ? son amant ou
celui à qui l'on était promis et qui avait été
enlevé pour ainsi dire au pied des autels.
Dans cette circonstance, ce n'était point des
confidences, c'était uniquement la simple
mais inexprimable jouissance d'apercevoir
de loin celui pour les jours duquel on avait
craint. A peine ose-t-on encore en croire
ses yeux ; l'on ne cesse de chercher à se
convaincre de plus en plus que l'on voit enfin
l'objet chéri ; mais, à chaque instant, c'est un
nouvel obstacle : un autre veut avoir le même
bonheur et plus il avance, plus il est repoussé.
C'est un vrai chaos, véritable image des pas-
sions tumultueuses qui s'élèvent dans l'âme
d'un jeune homme. Voyant qu'ils ne pouvaient
s'entendre, le plus prudent leur conseilla de
ne parler que chacun à son tour et l'on choisit
la plus forte voix pour interprète ou porte-
paroles de part et d'autre. Alors ils se recon-
nurent, s'appelant et se montrant l'un après
l'autre avec ordre. Quand ils se furent bien
convaincus de l'existence de leurs parents,
ils s'en allèrent bien plus tôt qu'ils ne l'eussent désiré, il est vrai, car le commandant

et les soldats, qui n'étaient pas même cousins avec tous ces bons Douaisiens, s'ennuyaient à ce manège et se dépêchaient de faire hausser le pont-levis et baisser la herse que nous appelions porte à ratière. Chacun s'en alla, les uns dehors, fort contents d'avoir retrouvé ceux qu'ils n'osaient pleurer, et les autres pour être présents à la visite des effets qu'on leur avait apportés.

Mais revenons-en à notre bel alignement. Des chasseurs allaient et venaient continuellement de chaque côté et d'un bout à l'autre ; ils avaient le pistolet à la main et menaçaient de brûler la cervelle au premier qu'ils verraient déchirer un morceau de papier. Ils eurent la constance d'en ramasser sur le gazon tous les petits morceaux épars que, dans la foule, plusieurs détenus avaient fait les plus petits qu'ils pouvaient ; il y eut même quelques prisonniers qui, par malice, pour donner plus de besogne à nos cerbères, s'étaient amusés à déchiqueter des papiers différents, de sorte qu'ils eurent de quoi s'occuper, et ceux qui auront travaillé à en rapprocher toutes les pièces n'auront pas manqué de besogne.

Vers deux heures, on appela tous les détenus de notre chambrée. Le cœur me battait, quand je m'approchai du pavillon ; je ne savais que m'imaginer ce qu'on voulait faire de nous. Enfin, étant entrés au nombre de sept, nous vîmes notre huitième compagnon au milieu de ses persécuteurs qui le fouillaient, le tâtonnaient dans tous les sens, de la tête aux pieds, et jusque dans l'étui des pays bas dont ils manièrent toutes les curiosités, afin d'être bien sûrs qu'il n'avait rien de suspect sur sa personne.

Ils avaient commencé par bouleverser tous nos meubles et effets. Mon baudet, qui était contre la porte, fut le premier visité. Comme il n'y avait qu'un simple matelas, ils eurent bientôt vu ce qu'il y avait; que tout cela consistait en plusieurs extraits que je m'amusais à faire dans les voyages de Pallas (1). et, n'ayant pas de place pour rien fourrer, j'étais obligé de mettre mes livres et mes cahiers tant au pied qu'à la tête de mon lit, ce qui me servait moitié de chevet et moitié de paillasse. Ces inquisiteurs d'une politique infernale avaient si bien bouleversé tout que je n'y trouvais pas la moitié de mes livres et extraits; enfin, inquiet comme une mère qui cherche ses petits, et jetant partout un coup d'œil avide, j'entrevis sur notre table beaucoup de papiers et particulièrement un paquet dans une enveloppe à laquelle on allait sceller le quatrième coin. J'arrêtai la main perfide

---

(1) Pallas (Pierre-Simon), voyageur et naturaliste allemand, né à Berlin en 1741, mort en cette ville en 1811. Il est l'auteur de nombreux ouvrages et Cuvier lui a consacré l'un de ses plus beaux *Éloges*, A. B.

qui travaillait à me priver du fruit de mes travaux et je fis de mon mieux pour le ravoir. L'on ne voulait pas me rendre un cahier sur lequel était transcrite une chanson faite par un médecin de Douai (1) et dans laquelle il était question de citadelle. C'était assez pour la rendre très suspecte à leurs yeux. Heureusement qu'elle se trouvait sur une feuille non écrite au revers, de sorte que, sans faire tort à mes extraits, je l'arrachai avec vivacité et la leur jetai sur la table, en leur disant que le reste n'était que des noms de plantes, que cela n'avait aucun rapport avec la Révolution. Ils me disaient, pour ne pas me rendre mes cahiers, que je n'avais que cela à faire, que j'aurais bien le temps de re-

---

(1) Ce médecin était un ancien membre de l'échevinage de Douai en 1789, Antoine-Joseph Despinoy, originaire de Câteau-Cambrésis, âgé de 51 ans, qui fut condamné par le tribunal révolutionnaire d'Arras, le 11 avril 1794, parce qu'on avait trouvé diverses lettres de lui en la possession de Thérèse Dufour, de Douai, détenue comme lui dans la citadelle de Doullens et condamnée le 19 mars précédent pour avoir conservé «une pièce intitulée *Nouvelle du jour*, du 1er avril 1791, jeu de lettres où la Nation, les représentants, la liberté sont outragés, la guerre appelée et le despotisme invoqué,» ainsi qu' « un recueil d'Oraisons manuscrites où le Ciel est invité à se ranger du côté royaliste et contre-révolutionnaire. » Despinoy eut beau représenter qu'il ne connaissait Thérèse Dufour que parce qu'elle était la demi-sœur de sa femme Henriette Dufour, il dut payer de sa tête d'avoir gardé chez lui « un Manifeste contre la Révolution française, dont le titre seul devait le faire jeter au feu, et une Lettre pastorale de l'évêque de Blois au clergé de son diocèse », tous deux faisant partie de la bibliothèque qu'un de ses neveux, ex-religieux, avait mise en dépôt chez lui pendant qu'il dirigeait l'hôpital militaire de Lille. Il était également inculpé d'avoir correspondu avec un ancien échevin de Douai, François Valérien Caneau du Roteleur, condamné le 26 mars, et cela bien que ce ne fût qu'à l'occasion du remboursement de la charge de procureur du roi à la ci-devant gouvernance de Douai. Paris, I, 255, 265, 306-7.   A. B.

commencer. L'un d'eux me demanda ce que c'était que tous ces manuscrits. Je lui répondis qu'ils étaient tirés des Voyages faits en Russie (1). Le secrétaire, au mot de voyages, leva le nez et, me regardant fixement, me dit : « Ah ! ah ! tu as voyagé. » Il croyait avoir trouvé tout de suite un émigré pour avoir le plaisir de le faire guillotiner. Je lui dis fort tranquillement : « Oui, j'ai voyagé depuis Montreuil jusqu'ici. » Plus je marquais d'empressement pour leur arracher mes cahiers, plus ils mettaient d'opposition à me les rendre, leur suspicion augmentant en proportion qu'ils me voyaient me débattre et témoigner le plus vif intérêt pour les reposséder. Après bien des suppositions de leur part, ils se rendirent à ma franchise et à la force de la vérité de mes réponses. Il n'y avait plus que trois de mes livres que je ne pouvais pas retrouver. J'avais beau rôder, fureter de tout côté, je ne pouvais pas mettre la main dessus ; j'en avais un chagrin singulier et toujours j'en revenais à dire : « Où sont donc mes livres ? Ils étaient là, qu'est-ce qu'ils peuvent être devenus ? Où diantre les avez-vous fourrés ? » J'en talonnais d'impatience nos Messieurs de la Commission ar-

---

(1). Pallas, *Voyage dans différentes provinces de l'Empire russe de 1768 à 1773*, traduit de l'allemand par Gautier de la Peyronie, Paris, 1788-1793, 5 vol, in-4° avec atlas. A. B.

dente. J'en ris à présent, quand j'y pense. J'étais bien tenté de les fouiller eux-mêmes à leur tour. Ils eurent l'ingénuité de me répondre : « Cherchez bien, vous les trouverez sûrement, nous ne les avons pas pris. » Et effectivement, il faut rendre justice à la vérité, ils n'ont pas menti cette fois-là, car je retrouvai mes livres sous les pieds du lit d'un de mes co-chambristes : ils étaient glissés là dans le bouleversement général.

Notre camarade, si bien fouillé malgré les perquisitions des agents de Le Bon, eut le bonheur d'échapper miraculeusement de leurs griffes. Il avait gardé sa croix de Saint Louis cachée sous lui, n'ayant jamais voulu la rendre comme bien d'autres militaires le firent pour sauver leur individu ; il avait encore ses armoiries gravées en grand sur du papier, ce qui montrait un grand attachement à sa caste, deux choses propres à le faire guillotiner deux fois, si cela eût été possible. Ils n'en ont rien vu ni senti. Oh ! Providence, que ce que tu gardes est bien gardé ! Darthé n'était si acharné à ses trousses que parce qu'il avait été faire une fouille dans la maison de campagne du frère de ce gentilhomme artésien et, n'y ayant rien trouvé de ce qu'il cherchait, soit en argenterie, bijoux et papier, il s'imagina que le frère cadet aurait pu en emporter et cacher une partie, l'aîné ayant abandonné ses possessions pour mettre ce qu'il a de plus cher, sa personne, en sûreté.

Darthé dit au vieux chevalier qu'il venait du château de son frère. Le chevalier lui demanda doucement ce qu'il y était allé faire. Darthé lui répliqua brusquement : « Qu'est-ce que ça te fait? » Ils lui trouvèrent 850 livres, tant en or qu'en argent ; ils les lui comptèrent, les enregistrèrent et lui rendirent, en disant qu'ils n'en voulaient qu'aux papiers contre-révolutionnaires. Le hasard fit que le domestique de ce vieux chevalier lui apporta du linge. Le porteur ne put pénétrer dans la citadelle, vu les circonstances fâcheuses ; mais le geôlier vint avec le paquet sur lequel tous les scélérats se jetèrent avec acharnement, croyant ou espérant découvrir par ce moyen quelque conspiration ou projet de contre-révolution. Il n'y avait que le possesseur des effets qui n'était point libre d'y toucher ; ayant voulu y mettre la main pour en découdre l'enveloppe et voir s'il n'y avait pas dedans une lettre de son domestique, il fut repoussé rudement. Un d'eux lui dit qu'il pouvait bien ressembler à Louis XIV qui était un adroit filou, et, ne se contentant pas de l'apostropher, il lui retourna le bout des manches de sa robe de chambre et fourra la main dans la chemise pour voir s'il n'y

avait rien glissé furtivement. Le brave homme
était bien loin d'être si subtil. Ils déplièrent,
retournèrent et secouèrent bien toutes les
pièces de linge les unes après les autres, ce
qui n'amusait pas trop le propriétaire qui
aime la propreté et à qui on rendit le tout
bien chiffonné et souillé par des mains suant
le crime. Après cette revue, qui ne les satisfit
pas, Darthé regarda ses livres de piété et
trouva dedans des images. Notre nouvel ico-
noclaste, voyant la représentation du Christ,
ne put se contenir ; il la déchira avec dépit,
la jeta par terre et mit les pieds dessus.
Il allait en faire de même à toutes les repré-
sentations de Vierge et saints ; mais le pieux
vieillard, le cœur déchiré et révolté de la
profanation, s'adressant à Darthé, lui dit avec
son air de candeur et le ton le plus pénétré :
« Monsieur, — il ne voulait jamais prononcer
le mot de citoyen, et les démocrates qu'il
appelait ainsi messieurs le regardaient avec
colère, — je ne vous fais point de mal ;
pourquoi cherchez-vous à me faire de la
peine ? » Voilà la seule plainte qui lui échappa.
Un des inquisiteurs, ayant le cœur moins in-
accessible à l'humanité que Darthé, lui dit
d'un air ennuyé : « Bah ! bah ! rends-lui ses
images, puisque ça lui fait trop de peine. »
Et Darthé jeta les livres sur le lit. Le lendemain, en balayant notre appartement, je

retrouvai les deux morceaux du petit Christ;
je courus les rendre au saint homme qui me
remercia comme lui ayant rendu le trésor de
son cœur. Enfin, las de le tracasser, ils cessèrent de tourmenter ce respectable vieillard
qui les déconcerta par sa patience vraiment
chrétienne.

Ils s'adressèrent à un autre de mes compagnons, lui visitèrent les poches et ensuite
tous les effets, ce qu'ils firent à peu près à
tous les autres détenus. Darthé s'assit sur un
lit pour feuilleter et lire un paquet de lettres
de la femme et de la fille d'un de nos co-chambristes et, n'ayant pas le temps de tout voir,
le secrétaire en fit un paquet pour Arras.
Ensuite, il voulut voir ce que c'était que ces
gros livres que je copiais. Il commença par
en prendre un par le couvert et deux ou trois
feuillets seulement, de sorte que de cet in-
quarto broché il lui resta presque à la main
le peu qu'il avait empoigné. J'eus de la peine
à me contenir pour ne pas lui laisser voir
mon mécontentement, ces livres précieux
n'étant pas à moi, mais à un malheureux
avocat qui fut guillotiné par la suite. Après
cela, il ouvrit une boîte où il y avait quatre
pots de confitures qu'une généreuse épouse
avait envoyés à son mari. Il s'écria : « Oh !
oh ! voilà de l'ouvrage de religieuse. Il me
paraît, lui dit-il, que tu aimes les douceurs.

Tu n'es pas mal friand pour un prisonnier qui devrait être au pain et à l'eau. » Ces plaisanteries furent suspendues par l'arrivée de la maréchale de Mailly que deux fusilliers amenèrent en l'accusant d'avoir déchiré un papier en petits morceaux et de les avoir fait glisser entre ses jupes jusqu'à terre (1).

Cette jeune femme, de la figure la plus intéressante, formait un contraste parfait dans le tableau que cette scène nouvelle nous offrit. Je frémissais pour cette dame, voyant l'acharnement de ses accusateurs. Elle seule était calme, — en apparence, — on l'eût prise pour Minerve entourée de satyres. Mais non, c'étaient des monstres, pis que des tigres altérés de son noble sang, qu'ils se croyaient à la veille de faire répandre sur un échafaud.

La Providence qui veille à tout eut pitié de cette bonne personne en lui donnant le courage d'homme joint à tous les agréments et à toutes les vertus de son sexe. Elle nia avec le plus grand sang-froid l'imputation qu'on lui faisait d'avoir morcelé des papiers. Elle répondit toujours à tout ce que ces scélérats disaient pour la convaincre : « Je ne sais ce qu'on veut me dire. Je n'ai point déchiré de papiers. » Et cela, avec une douceur angélique

---

(1) De Boisrobert composa les paroles et la musique de quelques romances pour la maréchale de Mailly, qui les accueillit avec plaisir. Michel Braquehay, *Notice sur Guéraul de Boisrobert.*

A. B.

et un air de candeur virginale. Ils en rageaient, les coquins, de ne pouvoir lui faire avouer ce dont ils l'accusaient. Un d'eux, impatienté, cria: « Bah! bah! voilà bien des façons! il n'y a qu'à la mettre dans la brouette, si elle ne veut pas marcher, et l'envoyer au cachot, cette b........ là. » A ce propos j'ai tressailli pour elle. Enfin, après bien des questions infructueuses, ils prirent le parti de la mener dans sa chambre où, en présence de son respectable et très vieux époux, ils la fouillèrent indécemment, l'ayant fait mettre presque en chemise, ne lui ayant laissé qu'un petit jupon et un léger corset. Il fallut même qu'elle déchaussât ses bas pour convaincre ses persécuteurs qu'elle ne portait sur elle aucun papier suspect. Le pauvre maréchal, indigné et au désespoir du traitement qu'il voyait endurer à sa tendre épouse, s'écria de son lit où il était retenu par son grand âge : « Messieurs, tirez-moi plutôt un coup de fusil ; tuez-moi ; il me sera mille fois plus doux et plus aisé de mourir que d'être obligé de supporter et de dévorer un aussi cruel affront.» Enfin, elle en fut heureusement quitte pour la peur.

Quelque temps après que le maréchal fut guillotiné, elle eut un moment désagréable à passer.

Tous les jours, matin et soir, depuis le fatal jour qui donne tant matière à raconter, l'on venait faire un appel nominal dans toutes les chambres pour s'assurer si personne n'avait pris la fuite, ce qui n'était pas des plus aisé. Un jour, à trois heures, l'officier de garde, maître goujat et ayant humé la potée, se trouva en belle humeur et tout galant. Ayant aperçu la belle veuve dans son lit, de la porte il ne fit presque qu'un saut, tant il était transporté du désir qu'il avait, disait-il, d'embrasser la dame qui, à l'instant, s'éclipsa comme un éclair entre ses draps. Heureusement que la femme de chambre se précipita entre deux et que les compagnons de l'impertinent drôle l'emmenèrent pour continuer sa tournée. O vous, âmes pures qui lisez ceci, mettez-vous en esprit à la place de cette chaste dame exposée aux brutales libertés d'un gueux jouant le rôle d'un valet de bourreau ou d'un méprisable geôlier et vous frémirez comme l'a fait cette jeune femme dans ce moment de détresse où elle eût désiré pouvoir s'anéantir pour échapper au malotru. Mais je m'aperçois que j'oublie le fil de mon discours et que j'ai laissé dans notre chambre tous les agents de Le Bon. Ils firent venir quelques personnes qu'ils envoyèrent au cachot; après quoi, ils nous laissèrent libres, mais aux arrêts dans notre appartement, car, si l'on avait besoin d'aller aux latrines, on ne le pouvait qu'accompagné de deux fusilliers qui gardaient la

porte et veillaient à ce qu'on ne fît point usage
de papiers contre-révolutionnaires ou qu'on
ne profitât pas de l'occasion pour en jeter
dans le trou. Un des détenus, ayant voulu,
malgré la vigilance des surveillants, faire
glisser quelques papiers sous lui, fut vu et
l'on fit une descente dans la fosse, la lanterne
à la main, pour les y ramasser. On les débar-
bouilla pour les envoyer à Arras les faire
déchiffrer par ceux qui eussent bien mérité
qu'on leur torchât fortement le nez avec.
Depuis une heure de l'après-midi jusqu'à huit
heures du soir que toutes les perquisitions
cessèrent, nous ne sûmes presque rien de ce
qui se passait dans la citadelle. Nous mou-
rions de faim, ayant été obligés d'attendre
notre dîner jusqu'à ce que l'on nous permît
de l'aller trouver. Ce ne fut que le lendemain
que nous sûmes qu'il y avait douze personnes
emmenées à Arras (1) dont une seule échappa
à la mort et deux furent exécutées le lende-

(1) Le Bon apprit en ces termes ces arrestations au Comité de Salut
Public : « Du fond de leurs prisons, les gens suspects complotent
encore la ruine de la patrie. J'ai été éveillé, et soudain j'ai envoyé à
la citadelle de Doullens sept terribles patriotes qui, après avoir saisi
dans la citadelle une multitude de correspondances infâmes, m'ont
ramené pour le tribunal, une douzaine de scélérats mâles et femelles. »
Les personnes arrêtées furent en réalité au nombre de onze, savoir :
Thellier de Courval, argentier de l'échevinage d'Arras, Viger, avocat,
Hémart, conseiller, et Develle, greffier au Conseil d'Artois, de Mont-
gon, commandant de la citadelle d'Arras, de Cool, fermier à Morbeck,
Mallet de Coupigny et Thérèse Dufour, qui tous montèrent sur
l'échafaud ; Imbert d'Ennevelin et de Buissy, d'Abbeville, qui furent
transférés à l'Abbatiale, et de Broglie, d'Abbeville, qui parvint à
s'évader. V. Paris, *op. cit.* 1, 242 et suiv. A. B.

main de leur enlèvement. Ce qu'il y a de plus cruel pour les âmes sensibles, ce fut d'apprendre qu'on avait emmené une demoiselle arrachée aux pieds de sa tendre mère(1). Ah ! mon Dieu, quelle situation ! et quelle expression peut la dépeindre ? On dit à la demoisellle de vider son portefeuille ainsi que ses poches. Elle aime ses frères, un d'eux émigré ; elle a gardé une lettre de lui, on la lit et c'est son arrêt de mort. On lui annonce durement devant sa famille assemblée qu'elle n'a qu'à prendre ce dont elle a besoin pour aller jusqu'à Arras. Un d'eux ajoute : « Au reste, il n'en faut pas tant, son affaire sera bientôt faite. » A ce mot foudroyant de mort, la jeune personne éperdue se précipita aux genoux de sa bonne mère qui, le cœur déchiré, lui tendit ses bras tremblants. « Ah ! maman, maman, s'écrie-t-elle, je suis perdue, je suis perdue ! ». « Comment, ma fille, reprit avec fermeté sa courageuse mère, avez-vous oublié que la divine Providence veille sur nous et que sans murmure il faut se soumettre en tout à sa sainte volonté ? Allons, allons, plus de courage, ma fille, ayez pleine confiance en la miséricorde de Dieu et faites usage de la religion qui vous a soutenue jusqu'à présent. N'allez point par faiblesse perdre tout le fruit des peines que vous avez eu à souffrir jusqu'à ce jour : je vous donne ma bénédic-

tion et j'espère que la Providence vous ramè-
nera dans mes bras. » Cette pauvre demoiselle resta  confondue et , sans ouvrir la bouche, elle mêla ses larmes à celles de sa mère,
d'une sœur, d'un frère,  d'un beau-frère, d'un
neveu, enfant de deux ans, et de ses amies de
la même chambre. Ainsi partit cette innocente
personne,  seule au  milieu  de  ses farouches
persécuteurs,  qui  l'entraînèrent  au  cachot,
d'où elle partit avec les onze autres victimes
le lendemain de  grand matin, et  peu après
elle fut sacrifiée.  Comme l'on ne savait rien
de ce qui se passait à Arras, la mère fut plus
de trois mois à savoir que sa chère fille avait
péri sur l'échafaud; on apprit en même temps
à cette  malheureuse dame que sept  de  ses
enfants ou beaux-enfants avaient eu le même
sort. La force de sa religion l'aida à en faire
le sacrifice. Un mois après, une de  ses filles,
qu'elle avait  pleurée comme guillotinée,  lui
écrivit aussitôt que la liberté lui était  rendue.
Sa joie et sa surprise furent si  grandes que
l'assaut qu'en éprouva son âme sensible faillit
lui donner la  mort et lui fit infiniment plus
d'impression que  ne  lui avait fait la nouvelle de la perte cruelle de tous les siens.

---

(1). C'étaient des prisonniers de Douai. — Cette personne paraît
être la demoiselle Thérèse Dufour dont il a été parlé dans une note
précédente. A. B.

Il y avait dans une chambre une demoiselle de Douai qui était ou avait fait la malade pour ne pas être obligée d'aller passer sa journée dehors et sans manger, comme ceux quifurent visités les derniers, qui furent ainsi onze heures au froid, sans nourriture et sans abri. Les fouilleurs (1), arrivés dans l'appartement de la jeune personne, ne la laissèrent pas longtemps au lit. Il fallut qu'elle en sortît en chemise ou à peu près et, qui plus est, on lui fit écarter les jambes de manière à ce qu'elle n'eût pas pu retenir de papiers entre les cuisses, s'il y en eût de caché.

Enfin, la Commission ardente partit après huit heures du soir, très satisfaite d'avoir tourmenté ces pauvres aristocrates.

La semaine se passa à gémir sur notre situation.

Le dimanche suivant, même revue, mais avec moins d'appareil ; et ce n'étaient que des agents de Doullens avec l'ordre de Le Bon de prendre tout l'argent monnayé, tous les ustensiles en argent et de ne laisser à chaque détenu que 300 livres en assignats. On visita chaque chambre et dans toutes les paillasses, malles et autres effets.

On prit 850 livres en or et en argent au respectable chevalier, mon co-chambriste. Un

---

(1) J'invente ce mot, car je ne sais quel nom donner à ces gueux-là.

quart d'heure après il n'y pensait plus et se promenait tout en fredonnant le long de la chambre. Un de nos compagnons lui en témoigna son étonnement. Il répondit comme Job : « Dieu me l'a donné, Dieu me l'a ôté. Ce n'est rien que ça, il faudra bien donner notre tête aussi. » Il ne s'en fallut pas de beaucoup effectivement, car nous étions tous les ci-devant nobles de la citadelle sur la première liste de proscription de Joseph Le Bon, quand, grâce à Dieu, il a été pris et enfermé lui-même et depuis exécuté à Amiens.

Mon camarade aux confitures avait aussi de l'argent, mais il le conserva par le bonheur des circonstances. A la première fouille, le sac aux écus était dans une malle qui servait de siège au secrétaire de la Commission, de sorte qu'on oublia d'y fouiller et, le jour à l'argent volé, il le mit dans sa paillasse. Il dit en découvrant son lit aux chercheurs : « Tenez, voyez, citoyens, cherchez, tâtez. » Et cela tout en riant avec un si grand air de confiance et de bonne foi qu'il en imposa. Ils dirent : « Nous voyons bien que le citoyen n'en a pas ; s'il en avait, il n'aurait pas l'air si à son aise. » Il y eut un détenu à qui l'on prit cinq louis en or que la peur lui fit rendre ayant d'abord commencé par perdre la tête dans la frayeur où il était qu'on les trouvât sur lui. Il voulut les enterrer en faisant avec son couteau un trou dans le gazon. Mais, ses yeux étant troublés, il ne s'aperçut pas qu'une des sentinelles le voyait faire. Ce soldat ne lui dit rien, mais il indiqua la place où l'on trouva le fruit des économies de ce pauvre prisonnier.

Ce qui fit la plus grande impression ce jour-là, ce fut à l'occasion de quelques couverts d'argent qu'avaient achetés des dames de Douai. Il faut vous dire que dans la première citadelle logeait un aide-major, officier de chasseurs, mâtin auvergnat et, de plus, digne agent de Le Bon, chargé par lui de veiller sur nous et de nous vexer de toutes les manières. Comme il venait à toute heure et quand bon lui semblait visiter les chambres, il s'était aperçu, avant le temps de la spoliation, que les dames ci-dessus étaient bien dans leurs meubles et effets; étant riches commerçantes, elles avaient de quoi fournir à un luxe peu fait pour une pareille habitation. Lorsque les perquisiteurs eurent bien tout retourné sur elles et dans leurs chambres, le citoyen Marin — c'est le nom de cet officier de chasseurs que nous appelions par dérision Mâtin, entre nous bien entendu, car il n'eût pas fait bon de plaisanter avec lui, comme vous allez le voir — cet escogriffe ne trouvant pas les couverts dont il avait vu faire usage, prit le parti de menacer du cachot et du tribunal révolutionnaire les personnes qui les avaient cachés. Voyant que les menaces ne lui rapportaient qu'une négation continuelle, il fit mettre dans un cachot dégoûtant la jeune demoiselle, la même qu'on avait fait lever par force huit jours avant, afin de forcer la mère, pour ravoir sa fille, de les livrer, jugeant bien qu'une mère ne tiendrait pas à cela. On patienta pendant deux heures. Mais comme l'officier n'en voulait pas démordre et qu'il menaçait d'envoyer à Arras la jeune personne, alors l'amour révolté l'emporta sur tout autre intérêt. Ne confondons pas ici, en disant l'amour je n'entends pas le maternel, cela va sans dire, mais le véritable, cette passion tyrannique dont tant de cœurs sont la dupe ; c'est à celui-là que la pauvre demoiselle fut redevable de sa liberté, après avoir passé deux heures dans l'horreur des ténèbres, au milieu des inquiétudes les plus dévorantes, seule et abandonnée à la merci d'une bande de scélérats, vrai repaire de tous les vices. Que de sanglots! que de larmes! ont coulé dans cet espace de temps de part et d'autre. Mais, avant de venir au fait, il faut reprendre plus haut.

Un jeune officier de chasseurs autrichiens ayant été fait prisonnier par les républicains et amené à Doullens justement le même jour qu'André Dumont vint nous visiter, ce représentant trouva à ce jeune officier des manières et un air si français qu'il en conclut que c'était un émigré français. En conséquence, les autres prisonniers allèrent plus avant et celui-ci fut condamné à rester dans la citadelle. Il eut beau protester qu'il était de Mons, capitale du Hainaut autrichien, enfin il eut beau dire, il fallut rester. Je crois qu'il s'en est bien consolé par la suite. Ce jeune homme était grand, bien fait, d'une belle figure, chantant agréablement, ayant beaucoup d'esprit et parlant français comme un parisien. Sa famille étant comme celle de la jeune personne, la mère ne fit point de difficulté de l'admettre dans sa société. La demoiselle était une belle blonde, fraîche comme une rose, ayant des cheveux superbes et tous les agréments de son sexe à l'âge de 19 à 20 ans. L'autrichien n'en avait guère plus. Avec tant de rapports et beaucoup d'oisiveté, comment ne pas s'aimer, étant toujours ensemble et cherchant à se consoler réciproquement? Le voilà, ce sentiment plus fort que tous les verroux et que toutes les grilles! Qu'est-ce que des cuillers d'argent, et quand ce serait tout l'or du monde, en comparaison du prix de la personne qu'on chérit? Aussi le jeune homme, bouillant de rage, mais en même temps retenu par la prudence pour ne pas compromettre sa bien-aimée, était terriblement combattu en lui-même.

S'il eût osé , dans son premier mouvement il eût assommé le monstre qui lui ravissait celle qui faisait tout le charme de son existence. Enfin, il prit sur lui de la tirer des mains des méchants en menant lui-même cet inexorable spoliateur vers un grand tas d'orties où il lui montra la place où l'on avait jeté l'argenterie. L'auvergnat fut obligé de bien se piquer les mains pour s'en emparer, ce qu'il fit avec avidité malgré l'obstacle cuisant. Le jeune homme s'en fit un malin plaisir : c'était toute la vengeance qu'il pouvait tirer de celui qui révoltait ensemble l'amour et l'humanité. Quand les couverts furent livrés, l'autrichien le somma de sa parole de rendre la demoiselle à sa mère et il voulut l'aller chercher avec lui pour n'en être pas la dupe. C'était un spectacle bien attendrissant de voir revenir ce couple intéressant au devant duquel la bonne mère et tous ses amis volèrent; c'était à qui les embrasserait et les féliciterait le premier. On voyait peinte sur leurs physionomies, à l'une l'expression de la peine et du plaisir, à l'autre la joie vraiment glorieuse d'avoir arraché l'innocence des mains des tyrans. Les larmes du bonheur suivirent celles de l'infortune et peu après tout fut oublié, hors l'article de la reconnaissance, car il y en a eu des preuves parlantes... Mais chut... Ne soyons pas méchants.

Ce fut ce soir-là qu'on tira le maréchal de Mailly de son lit pour lui faire passer la nuit dans un cachot sur une botte de paille. Un vieillard âgé de 89 ans, qui passe ainsi douze à quatorze heures au froid humide, sans secours, sans nourriture, sans consolation, en proie à toutes les tristes réflexions de cet âge, séparé de son épouse, laissant un enfant en bas âge, ah! quelle situation! Le lendemain, son domestique obtint par grâce d'aller voir si son maître n'avait besoin de rien et lui remettre sa perruque. Il trouva le maréchal à genoux sur sa paille et à demi glacé. Dans tout autre temps le domestique ne recevait que des ordres et ne s'avisait pas de donner des conseils. Mais le malheur et la pitié égalisent tous les hommes. Il demanda à son maître, dont la situation lui faisait saigner le cœur, s'il ne voudrait pas bien prendre un verre de vin pour se ranimer les sens. Le maréchal lui répondit : « Oui, je le veux bien, donne, et mets-moi ma perruque. » Tout en coiffant son maître, le domestique lui témoignait de son mieux l'impression de sa sensibilité et il cherchait à rassurer le maréchal en lui disant qu'il ne lui arriverait rien, vu son grand âge, terme auquel on ne condamnait plus à mort. « Va, va, reprit le brave militaire un peu ranimé d'un bon gobelet de vin de Roussillon, ils ne me feront jamais bron-

cher. Quoi! moi, craindre la mort? Elle a été
plus de mille fois à mes côtés, et je l'ai toujours affrontée de sang-froid. Va, je saurai
mourir comme j'ai vécu, avec honneur, toujours fidèle à mes  devoirs et à mon Roi (1).
Mais, hélas! je n'ai que trop vécu : il vaut
mieux mourir mille fois que de se voir traité
de la sorte! »

Peu après on le fit monter dans sa berline
et on  l'emmena dans notre citadelle. Le maréchal avait bien défendu qu'on avertît sa
tendre épouse du moment de son départ. Mais
ce fut en vain. Cette dame, après avoir passé
la nuit la plus cruelle, était toujours collée aux
fenêtres pour voir si on lui rendrait son époux.
Mais, cruelle attente, qu'elle fut bien déçue!
Elle vit arriver la voiture près de la porte.
Rien ne put la retenir dans sa chambre. Elle
accourut tout échevelée et toute défigurée, ne
fit qu'un saut jusqu'au fond de la voiture, et
là se précipita à corps perdu sur le corps glacé
de son vénérable époux qui, ferme comme un
rocher, faisait un contraste déchirant. Le

---

(1) L'échafaud n'était pas fait pour intimider le maréchal de
Mailly; il apprit au peuple « comment meurt un maréchal de
France ». Vive le Roi! tel fut son dernier cri. Écroué aux Baudets
d'Arras le 18 mars, il fut condamné le 23 pour le seul fait d'avoir
écrit une lettre trouvée à Doullens, dans laquelle il disait « que
l'honneur de son nom et personnellement de sa branche eût été
porté au plus haut degré sans les circonstances; mais que, si ses
espérances n'étaient pas remplies, elles n'étaient pas anéanties, et
qu'un jour heureux les ramènerait, non sur sa tête, mais sur celle
de son fils ». Paris, *op. cit.* I, 262 et suiv. A. B.

vieillard était si écrasé et en même temps si étonné de l'excès de son malheur qu'il paraissait comme insensible. Quant à la maréchale, je ne pouvais pas la reconnaître dans les expressions d'un sentiment qui ne pouvait venir que d'elle ; jamais on ne se le fût persuadé par le simple témoignage des yeux.

Pendant ce cruel combat dont nous fûmes témoins, il y en avait un d'un autre genre à soutenir; on préparait des larmes amères dans une autre chambre. La voiture servit pour deux victimes. Celui qu'on donna pour compagnon de voyage et d'échafaud au maréchal était le gendre de cette dame à qui l'on avait enlevé une fille huit jours avant. Cet excellent homme avait aussi avec lui son fils âgé de deux ans et demi, enfant très intéressant pour les grâces et la douceur. J'ai vu ce spectacle à la fois charmant et déchirant. J'ai vu ce bon et tendre père enlever son fils de terre, le porter dans ses bras, le presser contre son cœur, lui prodiguer des caresses, baisers sur baisers. Ah ! quels baisers ! les derniers qu'il devait donner à son cher enfant qu'il arrosait de ses respectables larmes !... et ce pauvre petit qui commença par sourire en avançant ses innocentes mains pour embrasser le col de son père malheureux, se sentant mouiller les joues et ne sachant ce que cela signifiait, finit par pleurer aussi. L'oncle du petit le prit

par la main, après en avoir fait l'éternelle séparation d'avec son infortuné père à qui il con-
seillait plus de courage en lui disant qu'il faisait l'enfant. A ces mots, les sanglots du malheureux redoublèrent et il s'écria : « Adieu,
mon pauvre petit Casimir, quel malheur ! je
ne te reverrai plus ! » Et on le fit monter en
voiture, ce bon père, toujours regardant son
enfant jusqu'à ce qu'il fût hors de sa vue (1).

On venait d'arracher la malheureuse dame
des bras de son vieil époux pour la reconduire
ou plutôt la porter chez elle plus morte que
vive, et la voiture partit.

On nous laissa tranquilles pendant quelque
temps ; mais nous ne recevions de nouvelles
de personne : ni parents ni amis ne pouvaient
nous écrire. Une après-midi, dans le courant
d'avril, on vint nous faire encore sortir tous
de nos chambres. C'était pour de nouveaux
enlèvements. On nous faisait frémir chacun
en particulier. Aussitôt que l'agent national
prononçait une syllabe, on en craignait la
suite, et quand l'individu était nommé, on
disait : « Allons, ce n'est pas encore mon
tour », et quand on voyait partir des malheureux compagnons pour le tribunal révolution-

---

(1) D'après M. Paris, la personne qui fut écrouée aux Baudets en
même temps que le maréchal de Mailly, fut François Valérien Caneau
du Roteleur, ancien échevin de Douai, âgé de 58 ans. Il fut condamné
le 26 mars comme possesseur de « papiers fanatiques, royalistes et
contre-révolutionnaires, la plupart écrits de sa main. » A. B.

naire, on les plaignait tout en se félicitant de n'être pas du nombre. On vint de même à différentes reprises nous donner de nouvelles alarmes.

Une fois, on amena une douzaine de prisonniers de Saint-Pol comme compatriotes de Le Bon. Il y avait une femme. C'était une grande et forte personne qu'on eût prise pour un grenadier déguisé, car elle allait toujours fumant sa pipe. Elle fit un trait digne d'être cité.

Il y avait de pauvres religieuses de son pays logées dans la même chambre qu'elle. Une d'elles avait un portefeuille où il y avait plus de 100 francs en assignats qu'elle avait gagnés ou reçus pour vivre. Elle eut la maladresse de le laisser tomber en allant chercher le pain à la barrière, et quelque patriote eut l'adresse de le mettre en poche sans qu'il reparût.

La pauvre religieuse était bien désolée, n'ayant plus de ressources pour acheter les choses les plus urgentes, ses parents n'ayant pas moyens de l'aider. La grenadière lui dit résolument : « Allons, allons, consolez-vous, la Providence y pourvoira. Je travaille, j'ai assez de pratiques. Ce que je gagnerai, nous le partagerons. On m'apporte du pain toutes les semaines : je dirai qu'on en mette un de plus, et vous n'en manquerez pas. Allez, priez Dieu tranquillement. » Le jour qu'on vint l'enlever pour Arras, comme on la pressait pour partir, elle demanda le temps d'allumer sa pipe, et nous la vîmes passer la pipe à la bouche et d'un air décidé. Son fils qui était de notre côté, sur le gazon, voyant passer sa mère, se mit à pleurer ; mais, un moment après, on l'appela pour subir le même sort. Alors il essuya ses larmes et partit avec plaisir. Il n'y eut que cette pauvre religieuse qui se lamentait en disant : « Et qui est-ce qui me nourrira? Que ne m'a-t-on emmenée aussi pour être guillotinée avec ma seconde mère!» Mais, cris superflus, Jeanne la pipe fut guillotinée et montra la plus grande fermeté, et son fils aussi. Ils déclarèrent qu'ils mouraient pour leur religion. Qu'elle était bonne et vraie, celle de cette respectable femme ! On fit une quête parmi les détenus pour suppléer à la charité de Jeanne (1).

Dans le courant de mai, juin et juillet, on fit divers enlèvements. Parfois on nous assemblait, ou simplement le commandant, accompagné de l'agent national et de quelques fusilliers, allait dans les chambres où il y avait des victimes désignées, et il leur disait : « Vous appelez-vous un tel?—Oui.— Eh bien! faites votre paquet et suivez-moi. » Il vint

______

(1) Jeanne Picot (62 ans) veuve Corne, « fanatique dans la force du terme, » arrêtée avec la ci-devant religieuse Saint Jean qui demeurait chez elle, pour « avoir été prêcher de maison en maison l'aristocratie », fut condamnée le 7 mai 1794 en même temps que son fils Ambroise Corne (28 ans), cabaretier à Saint-Pol, et sa belle-fille. Cette dernière, vu son état de grossesse, obtint un sursis, mais mourut à l'hospice un mois plus tard. Paris, *op. cit.* II, 116-120. A. B.

dans notre chambre, comme cela, à huit heures du matin. Il demanda après un de nos compagnons qui dormait encore. Il dit à la personne qu'on l'éveillât ; qu'il était bien fâché d'une pareille commission, mais que l'ordre le portait ainsi et qu'il y allait de sa tête qu'il fût exécuté ponctuellement. Notre pauvre ami, qui faisait peut-être un rêve agréable dans le moment sinistre où on l'éveilla, s'assit et se frotta fort les yeux pour s'assurer si c'était à lui qu'on en voulait. Quand il n'en fut que trop bien convaincu, il s'habilla tout en murmurant, et, en nous quittant, il nous serra la main en nous disant qu'il espérait nous revoir en liberté. Nous fûmes persuadés pendant longtemps qu'il avait péri, mais j'ai su depuis que non, ayant été conservé aux Baudets jusqu'à l'enlèvement de Le Bon.

Enfin, le 24 juillet fut le jour où mon tour vint pour aller figurer dans la fatale charrette qui me déposa aux Baudets d'Arras le 25 juillet 1794, et j'y restai jusqu'au moment où, tranféré la nuit à Cambrai, il se passa ce que vous avez su d'avance par madame de Francheville (1).

FIN

---

(1) Madame de Francheville était la femme de Joseph Dufresne de Francheville, littérateur, né en 1704 à Doullens, mort en 1781 à Berlin, où il avait été appelé par le grand Frédéric. Francheville fit partie de l'Académie que ce prince avait fondée. C'est sous son nom que Voltaire fit paraître sa première édition de l'*Histoire du Siècle de Louis XIV*. A. B.